밥 먹고 더 울기로 했다

김영순 시집

시인동네 시인선 215　　　　　　　　　　　　김영순 시집

밥 먹고 더 울기로 했다

시인동네

시인의 말

허술한 바람의 문장이 여기까지, 날 데려왔다.

앞으로 나는
지금보다 더 허술해질 것 같다.

2023년 9월
김영순

차례

시인의 말

제1부

포옹 · 13

싸락눈만 싸락싸락 · 14

한통속 · 15

달과 고래 · 16

발가락 군의 소식을 듣다 · 17

순록의 태풍 · 18

초록 대추 · 19

살금살금 살구나무 · 20

빛 그리고 그림자 · 21

남방큰돌고래 제돌이 · 22

목련이 필 무렵 · 23

유아불기(幼兒不記) · 24

파계 · 25

가짜 창문을 열어요 · 26

제2부

잔소리국밥 · 29

배롱나무 · 30

작약꽃 안부 · 31

소리를 보다 · 32

별 떡 · 33

유품 보고서 · 34

달빛 봉봉 · 35

편백나무에 대한 예의 · 36

고양이발톱고사리 · 37

동백과 고구마 · 38

그 말 · 39

우묵사스레피나무 · 40

홀어멍돌 · 41

말 되지 양 · 42

제3부

벼락 맞을 나무라니 · 45

방답진 굴강 · 46

마량항 · 47

테우리막 · 48

테우리 코시 · 49

그리움의 방식 · 50

푸른 통점 · 51

벌장의 겨울 · 52

벌들의 이사 · 53

꿀벌이 사라졌다 · 54

우회전 중입니다 · 55

공탁금 · 56

시인은 아무나 하나 · 57

한란 · 58

먹통 · 59

불시개화 · 60

제4부

그만하자 · 63

꽃집에서 굽다 · 64

거울의 화법 · 65

은행나무 밥집 · 66

마블링 · 68

나무는 지금 음악 감상 중이다 · 69

하늘 경전 · 70

마타리꽃 · 71

아크릴사 수세미 · 72

어떤 처방 · 73

츳마가라 츳마도가라 · 74

흉작을 꿈꾸며 · 75

간지 뜯긴 자화상 · 76

봄 · 77

어스름반 · 78

제5부

다초점 · 81

시차 · 82

봄의 영역 · 83

주시옵고 · 84

공갈 · 85

골무꽃 · 86

빗소리 · 87

하가리 연화지 · 88

여왕벌 · 89

안구건조증 · 90

금능리 1600-3, 그곳에 가면 · 91

메별 · 92

가을의 서사 · 93

적산 온도 · 94

유감 · 95

고삐 · 96

해설 사람이 있는 깊은 풍경 · 97
　　　오민석(문학평론가·단국대 명예교수)

제1부

포옹

말은 제가 지나온 길을 돌아보지 않는다

세렝게티 초원에서나 한라산 기슭에서나

서로의 뒤를 봐주느라 그 일생이 다 간다

싸락눈만 싸락싸락

크리스마스 전날 밤
군밤 장수 써 붙인 글

'고요한 밤 3000원'
'거룩한 밤 5000원'

온다는 그대는 안 오고
싸락눈만 싸락싸락

한통속

어머니 아버지가 있어야 친정이지
모처럼 추석이라 산소에 들렀다가
하늘이 흘린 젯밥 같은
도토리만 주워 왔네

동글동글 한 바가지
씻고 말려 두 바가지
상수리 갈참 굴참 졸참 떡갈 신갈나무…
한통속 불러늘이고
묵사발이나 만들까

며칠을 그냥 두니 밥알 같은 고것들
서로에 기대어 밥이 되고 있었나 봐
세상에 기대어 사는
그런 나도 한통속

달과 고래

일부러 그대 안에 한 며칠 갇히고 싶다
행원리 어등포구 일곱물이나 여덟물쯤
기어코 월담을 하듯 원담에 든 남방큰돌고래

섬 뱅뱅 돌다 보면 거기가 거기인데
사람들이 내쫓아도 자꾸만 들어온다
네게도 피치 못할 일, 있기는 있나 보다

먼 데 있는 저 달은 들물날물 엮어내며
하늘에서 뭇 생명을 조물조물 거느린다

한동안 참았던 그 말
물숨이듯 내뿜고 싶다

발가락 군*의 소식을 듣다

서귀포 몽마르트르 솔동산길 오르다가
그저 비나 피할까 잠시 들른 이중섭 거처
일본서 당신의 부고가 손님처럼 와 있네요

수백여 통 남편의 편지,
그 편지 한 장 없어도
붓과 팔레트마저 미술관에 기증하고도
서귀포 피난살이가 그중 행복했다니요

돌아누우면 아이들 돌아누우면 당신
게들은 잠지를 잡고 아이들은 게를 잡고
오늘은 별 따러 가요
하늘 사다리 타고 가요

---

*이중섭 화가는 아내를 발가락이 길다고 '발가락 군'이라 불렀다.

순록의 태풍

바다도 바람나고 싶을 때 있나 보다
필리핀으로 일본으로 그리고 제주섬으로
한바탕 외눈박이로 휘휘 저어 놓는다

아무리 연약해도 무리 지으면 버텨낸다
순록도 그 중심에 새끼들 들여놓고
비잉빙 바깥을 돌며 여린 잠을 지켜낸다

아가야, 네 눈에는 무엇이 깃들었을까
세상의 어떤 일도 그 안에선 잠잠하다

한순간, 그 태풍의 눈에
까꿍 할 뻔 그랬다

초록 대추

태풍이 온다기에
가을 태풍 온다기에

긴 작대기 들고 와
설익은 대추 후려치네

무수한 잠자리 울음
붉디붉게 잘도 익네

살금살금 살구나무

그래도 그리운 건 눈썹 끝에 달린 속세
어느 오름 자락에 세를 든 비구니 절
가끔씩 한눈을 팔듯 가지 뻗는 나무가 있다

그중에 살구나무 살금살금 돌담에 기대
'어디로 통화할까 그 사람은 누구일까'
도대체 무슨 이유로 집을 뛰쳐나왔을까

해마다 웃자란 생각 가지치기 해봐도
그럴수록 부르고픈 이름이라도 있는 건지
설익은 살구 몇 알을
세상에 툭, 내린다

빛 그리고 그림자

빛 중의 빛은 그림자가 없다더니

햇빛이 좋은 날은 사진도 잘 나오지 않더니

당신이 흐린 날에는 속내까지 죄다 보여

남방큰돌고래 제돌이

지금 어느 위성이 이 섬을 돌고 있나
하루는 김녕 바다 또 하루는 모슬포 바다
온몸이 문장이 되어 숙명처럼 돌고 있나

산다는 건 그런 거
섬 뱅뱅 도는 일
수애기 곰세기 남방큰돌고래 제돌이
바다에 되돌려주면 끝인 줄 알았는데

그대를 보내고도, 아예 보내진 못한 건지
오늘은 수금천화목토성, 한 줄로 엮이는 날
한 두릅 문장을 이끌고
어느 행성 돌고 있나

목련이 필 무렵

이제 겨우 돌쟁이가 봄 서랍을 빼꼼 열어

가제 손수건 한 장 한 장 픽픽 집어던진다

어디로 튈 줄 모르는 아가의 눈망울을 봐

유아불기(幼兒不記)

촐촐촐 비 내린다
쑥부쟁이 흔들린다

먼저 간 사람 달래기엔 이런 날이 참 좋아
눈물도 바람 탓이려니 가을비 탓이려니
4·3 난리통엔 별빛도 붉었을 텐데
수상한 그 시절을 만난 게 죄라면 죄고
행여나, 헛제삿밥이라도 바란 적 없을 텐데

죽은 이는 원수였지만 산 자는 손잡아라
영모원 비석에 가닿지 못한 아이들 이름

죄 없는 것들이라서
여백이 창창하다

파계

누가 이끌었을까
아니, 등 떠밀었을까

아미타불 아미타불 도로 아미타불 그 세월

절 아닌, 그리움 따라
오름에 와 핀
대홍란

가짜 창문을 열어요

어차피 갖지 못할 풍경이라 빌렸어요

자꾸만 비워내도 차오르는 맑은 허기
벽에다 창문을 붙이면 내일이 찾아올까요

어디선가 들려오는 가녀린 풀벌레 울음
당신 없는 슬픔이 내 안에 있겠지요

나를 또 속이기로 해요
속아 보기로 해요

제2부

잔소리국밥

요즘 따라 아버지가 눈에 자주 밟힌다며
서먹하던 언니가 간만에 연락 왔다
기어이 동박새 우는 산소에 다녀왔다

모처럼 이른 저녁 순대국밥 먹다가
어느 순간 둘이서 눈이 딱 마주쳤다
얼결에 누가 먼전지 숟가락을 내려놨다

'밥 주망 먹지 마라, 그렇게 살아진다'
손등을 내려치던 아버지의 숟가락
오늘은 참 듣고 싶다
밥상머리 잔소리

배롱나무

그래서
석 달 열흘 붉은 적 있었다

봉분 너머 또 봉분 거느리는 배롱나무

벌초 날 시간차 공격
속수무책 당할 뿐

작약꽃 안부

비행기 배꼽자리 작약을 심어놓고
꽃을 따야 한다면서 끝내 따지는 않고
잔칫상 차린 것처럼 사월마당 북적였다

언제든 보낼 거라 짐작이야 했지만
'어머니 아버지 제사는 이제 안 지낼 거다'
단칼에 베어버린 문장
감당할 수 없었다

그 문장 빠져나오다 마주친 뻐꾸기 울음
한가득 그러안고 산소 곁을 서성인다
봄밤은 어디로 가나
갈 데 없는 날 데리고

소리를 보다

수업 중에 자꾸만 걸려오는 어머니 전화
몇 번이나 대답해도 귀가 먹어 막막하고
목소리 크게 내지 못해 나는 또 먹먹하고

보청기 주파수는 어디로 향한 걸까
부재중 문자를 따라 한달음 달려가면
"일 없다, 밥이나 먹자"
이 말 저 말 궁굴리는데

"안 들린다면서요?"
"지금은 들려요?"
저녁밥 먹다 말고 얼굴만 빤히 보다가
순순히 고백하신다
"입 모양으로 다 알주"

별 떡

설 명절 떡 하는 날
어머니 하시는 말씀

"별 떡은 있어도 별 사람은 없다더라"

그이가 그렇다는 말
끝끝내 안 하셔

유품 보고서

한낱 유품이란 매미 허물 같은 걸까
껍질만 벗어놓고 황급히 뜨신 그 길
어머니 놓친 올레길
복작복작 첫 제삿날

어쩌라고 씨고구마 장롱 속에 남겼을까
어머니를 모시듯 내 집으로 들고 와
수반에 물 한 사발도
같이 올려놓는다

썩으면 썩는 대로 내다 버릴 참이었는데
잔소리 삐죽삐죽 잔소름 돋는 새순
젯상에 무릎 꿇은 나도
어쩌면 외로운 유품

달빛 봉봉

고등어는 '고등어' 자리돔은 그냥 '자리'
하고 많은 생선 중에 '옥돔'만 생선이랬지
먼바다 푸들거리던 당일바리 '옥돔'만

육지에선 명절 때 조기도 쓴다지만
'나 죽으면 제상에 생선은 올려 도라'
부탁도 빈말하듯이 바람결에 흘리셨지

이제는 제사 명절 한 번에 치르자는데
어머닌 따로 안 불러 섭섭하다 하실 건가
생선이 마르던 옥상엔
꾸들꾸들 달빛 봉봉*

---

*'가득하다'의 제주어.

편백나무에 대한 예의

이월에 눈 내린다
편백나무에 함박함박

뚝! 가지 부러지는 소리 이따금 들려오면
아버지 마른기침이 울타리 돌아 나오고

남원과 조천 사이 길이 새로 나면서
옛집이 헐리고 나무들 잘려 나가고
그 많던 편백나무는 궤짝 하나로 내게 왔다

유산에 대한 예의는 그 안쪽을 살피는 일
물걸레질 한번에도 아버지 냄새 흘러넘쳐
그 안에 영농일기장
내 습작노트를 넣어둔다

고양이발톱고사리

십여 년 전 이삿날
시누이가 보낸 화분

전쟁 같은 하루에서
퇴근하고 차린 밥상

등 뒤에 인기척이듯
슬쩍 내민
저 발톱

동백과 고구마

가을 햇살 팽팽하니 어머니 일 나간다
중산간 마을 신흥리 동백 씨 여무는 소리
한 생애 빈 가슴 같은 바구니도 따라간다

'못 올라갈 나무라고 쳐다보지도 못할까'
물끄러미 하늘만 바라보는 등 뒤에서
길 가던 현씨 삼춘이 나무를 흔들고 간다

4·3 때도 마을은 그렇게 흔들렸다
숨어 살던 하르방에게 건넨 고구마 몇 알
반세기 훌쩍 지나서 동백 씨로 떨어진다

그 말

'착하다'
물 건너 일자리 찾아 나섰을 때도

'착하다'
그 자리 박차고 내려왔을 때도

착하다, 착하다는 말
착하디착한 엄마 말씀

그렇게 그 말을 들은,
세상은 착해졌을까

오늘은 시집가는 딸에게
그 말 툭, 해버렸다

아니다
너는 나처럼 착해지지 말거라

우묵사스레피나무

'바람에 맞서지 마라'
그렇게 이르고는

몇 마지기 제월전, 그것만은 지킨다며

한사코 등짝이 휘는
아버지의 외고집

홀어멍돌

하나가 모자라서 전설이 된다지만
일출봉 옆 신산리에 느닷없는 돌덩이 하나
그 누가 어디를 보고 '홀어멍'이라 했을까

홀어멍돌 보일라, 남향집 짓지 마라
집 올레도 바꿔놓곤 '남근석' 처방이라니
갯가에 땅나리꽃은 땅만 보며 피고 지고

포구에 삼삼오오 눌러앉은 성게 철
절반은 파도 소리 절반은 숨비소리
얼결에 혼자 된 어머니
가슴에 섬이 하나

말 되지 양

  어디서 들었을까 우스개처럼 하는 말

  제주에서 1년 살기 작정한 '육짓것'이 토박이 '제주것'과 만나면 수다 떤다 갓 삶은 보말 한 양푼 바다를 까먹으며 도대체 외국어라며 토막퀴즈를 낸다 동물 세 마리가 들어간 제주말은?

  반세기 섬에 살아도 아차, 놓친
  말 되지 양*

---

*제주어: 말이 되지요, 예.

제3부

벼락 맞을 나무라니

벼락 맞을?
벼락 맞을!
저기 저 나무 좀 봐
새소리 쏟아내는 곶자왈도 아니고
목마장 목책에 갇혀 종마나 지키다니

누가 메어놓은 오름, 오름 그 너머로
말 하나 나무 하나 가을 끝물 사랑도 하나
서로가 서로에 기내 풍경인 듯 아닌 듯

땡볕이나 가려주고 등이나 긁어주지
팔자도 그런 팔자, 벼락 맞을 나무라니
나는 또 누구를 위한 피뢰침이나 될까 몰라

방답진 굴강

장편소설 시작도 한 줄의 문장부터
풀리지 않는 실마리, 그 줄 하나 잡아당겨
군내리 방답진성*에 척후병처럼 다가간다

길이 되고 밭이 되고 집이 된 방답진 터
그 아래 항아리처럼 바다를 품은 포구
배 한 척 기대지 않는 안쪽은 고요하다

굽은 등 뒤로 조근조근 말 걸어봐도
지켜야 할 바다와 품어야 할 사람 사이
그리움 그만 재우고 칭칭칭칭 울게 둔다

---

*여수시 돌산읍 군내리에 있는 조선시대 전라좌수영 수군기지.

마량항

탐라와 강진 사이 뱃길올레 있었다지요
탐진이란 지명도 그래서 나왔겠지요
수평선 넘나들이가 쉽지만은 않았겠어요

천년 뱃길 종착지가 마량항, 여기라네요
육지와 제주 사이 가로막은 출륙금지령
이백 년 그 세월에도 말은 공출했다네요

하늘길 땅끝길 놀아 그 항구에 와 보니
말은 서울로 가고 말 모는 소린 제주로 가고
발밑에 밀려온 까막섬, 먹물빛만 번지네요

테우리막

진구슬목장 언덕받이 바람의 거처가 있다
돌담이 헐리고 지붕마저 내려앉은 채
온종일 소 울음으로 나부끼는 돌집이 있다

아버지는 테우리*, 이레마다 번을 섰다
1975년 12월 10일 일기장 어느 한 쪽
'며칠째 못 찾는 소야…'
얼룩이 묻어 있다

어느 가을 딸아이 교사 임명장 받은 날
소 테우리 말 테우리보다 사람 테우리가 더 어렵다던
그 바람, 테우리막에 한동안 머물다 간다

---

*'목동'을 뜻하는 제주어.

테우리 코시

목동은 아무 때나 고수레하지 않는다
신에게도 산에게도 빌고 싶은 백중날
산마장 알오름에다 밥차롱을 펼친다

굳이 마제(禡祭) 대신 코시라고 하는 건
말 테우리 집안의 오래된 고집이리
입에서 입으로 전하는 말씀들을 고한다

자라리 몇 마리를 더 진상할지언정
종마는 안 된다며 몰래 실명시켰다는
그 울음 다시 참으며 절을 한다
테우리

그리움의 방식

꿀벌의 침은 내장과 연결되어 있다

목숨을 거는 일이라 함부로 쓰지 않는다

당신을 지켜야 할 때
딱 한 번 쓸 뿐이다

푸른 통점

때죽나무 숲속에 전쟁이 났나 보다
벌이 훔쳐 온 꿀을 내가 다시 훔치는 날
돌돌돌 자동 채밀기 전리품을 챙긴다

그런 날은 어찌 알고 외삼촌이 찾아온다
가래떡 몇 개 사 들고 온 저 너스레
첫꿀에 찍어 먹으면 바람기 또 도질까

한때는 서울에서 전당포를 했다는
잊을 만하면 찾아오는 삼촌삼촌 한량 삼촌
외갓집 거덜 내버린
어머니의 푸른 통점

벌침 한 방 쏘인 것 같은 그 푸른 통점
탈탈 털린 벌장에 벌들이 돌아올 무렵
얼굴을 어루만지듯 자꾸만 꽃불을 켠다

벌장의 겨울

깨어있으되, 꼼짝 않는 소길리 겨울 벌장

어느 절 예불 소리 탁발하듯 다녀간다

이 땅의 식솔들에게 공양하듯 눈 내린다

벌들의 이사

아흔아홉 마리 양은 두고
한 마리를 찾는 목동처럼

저물녘까지 돌아오지 않는 꿀벌을 기다리다

적막한 벌통 하나를 두고 간다, 초승달

꿀벌이 사라졌다

사스레피 꽃 피면 날갯짓 바쁘다더니
봄꽃들 눈 뜨기 전 겨울잠 깬다더니
올해는 2월이 돼도 까딱하지 않는다

억지로 잠 깨우려 벌통을 열어보니
소리 없이 사라진 머체골 사람들처럼
그렇게 잠적해 버렸다
정찰병도 안 돌아왔다

꿀벌이 사라지면 인류도 사라진다는데
꽃 오면 다시 올까 기다리는 다저녁
봄 오는 소길리 벌장에
밀원수를 심는다

우회전 중입니다

온종일 빗소리
간 맞추듯 천둥소리

그 빗소리 참 좋다
딱 걸린 문자메시지

한눈판 애인의 어제
눈 딱 감은 빗소리

공탁금

조합장은 천만 원
협회장은 백만 원

시인의 공탁금은 한 편 한 편의 시렷다

늦은 밤 더 늦기 전에
한 문장
한 글자라도

시인은 아무나 하나

모래흙과 바닷바람 그 불협화음이 빚어낸

 평대리 어느 시인의 파치당근을 얻어먹다가 파김치 갓김치도 낼름 받아먹다가 급기야 그 당근밭을 통째로 해치웠네 태풍 몇 번 지나간 원형탈모증 앓는 자리에 돌산갓 고수 파 시금치 배추 심어놓고 손가락만큼 자란 파부터 눈 맞은 배추까지 주말이면 세상을 불러 다 퍼주는 조 시인이나 그 당근 사다가 다시 퍼 나르는 금릉리 양 시인이나, 기름값이라고 몇 푼을 쥐여줘도 마다하니 올해만 그런 게 아니라 해마다 그러하니 시인의 수입이 직업군 중 꼴찌일밖에

 시인은 아무나 하나 아무나 시인이 되나

한란

간섭하지 않으면 죽는 일, 없을 거다

물길 찾아 끝 간 데까지 가보는 여행이다

좀처럼 고백하지 않는
내 사랑이 그렇다

먹통

지도를 펼쳐보면
지금 어딜 지나는 걸까

첫 발령지 연천이거나
아니면 서귀포쯤

그때 그 찻집에 앉아
먹줄이나 튕겨 볼걸

불시개화

지난봄에 이미
툭툭 털어 보냈는데

몇 번의 태풍 끝물
다시 핀 서귀포 목련

검색창 클릭하다가
딱 걸린 당신 근황

제4부

그만하자

오늘따라 혼밥이 참말로 형벌 같아

식탁에 수저 한 벌 더 가지런히 놓아봅니다

이대로 잊을 수 있다면
얼마나 다행인지요

꽃집에서 굽다

결국, 꽃만으론 적자를 못 면하나 보다
여덟 평의 꽃가게 그나마 반을 쪼개
문짝에 마카롱 카페 간판을 내걸었다

사흘은 꽃을 팔고 사흘은 빵을 굽고
그리고 또 하루는 시 모임에 나간다
가슴에 얹혀진 문장 그 꿈을 못 지운다

코로나가 쪼개 놓은 서귀포의 한구석
꽃을 팔던 손으로 마카롱을 만지면
또로록 굴러가다가 어느 순간 꽃이 될라

거울의 화법

한 달이 멀다 하고 서울을 가는 친구
일이나 여행 아니라 휠체어로 오간다
어느 날 한참 동안을 머뭇대다 끊긴 전화

보름쯤 지났을까 뜬금없는 카톡 사진
지하철 스크린 도어 게시된 내 시(詩) 몇 줄에
저기압 벙거지모자가 배경으로 앉아 있다

'뽀샵하려 했는데… 못해서 그냥 보낸다'
굳이 감추려던 민머리 그 마음 알겠다
세상의 그 어떤 고백도
대신하는 거울의 화법

은행나무 밥집

허기를 모른다면 세상이 재미없다

제주 칼호텔 근처 반세기 비바람 속에

함석집 지붕을 뚫고 기둥이 된 은행나무

그 나무 품은 밥집에선 연애사도 출렁인다

의귀에서 시내로 유학 온 막내 삼촌도

저 혼자 말 못할 고백, 단풍처럼 탔었다

여기도 코로나는 비켜가질 않는지

재작년엔 '국밥집' 작년에는 '정식집'

올해엔 또 '밥심'으로 간판을 바꿔 단다

와글바글 발길들 다 어디로 흘렀을까

'밥심'만으론 못 막는 그저 노란 독촉들

몇 방울 가을비 핑계로 더 환하게 피어난다

마블링

서울 사는 친구가 모처럼 온다기에
여고 시절 삼총사 허둥지둥 모여들어
감 놔라 배 놔라 하며 가을 햇살 수다 떤다

그 판에 친구 엄마도 은근슬쩍 끼어들어
사별인지 이혼인지 보증 섰다 날린 건지
척 보면 다 안다는 듯 맞장구를 치시다가

밥 먹고 더 울기로 하고
식당으로 몰고 간다
"세상에 공짜 없더라, 큰일도 겪어봐야지"
말기암 굳이 숨긴 채 다독다독 달래준다

나무는 지금 음악 감상 중이다

누가 왜
그랬는지
따지지 않겠다

퇴근길 가로수에 걸려 있는 CD 한 장

쉿, 조용
나무는 지금 음악 감상 중이다

하늘 경전
— 한곬 현병찬 서실 '먹글이 있는 집'에서

서실 천장 붓글씨들 여름밤 별자리 같다
남두육성 견우직녀성 새로 생긴 어머니 무덤
서귀포 남녘 하늘에 꼬리별이 또 진다

어느 문하생이 못다 쓴 고백일까
'스치면 인연이요 스며들면 사랑이라'
누구의 말씀이신가, 별 스치는 이 밤에

괴발개발 살아온 길, 파지처럼 살아온 길
획 하나 점 하나 놓친 흠들은 흠들끼리
저렇게 어울려 있어
비로소 걸작이 된다

마타리꽃

오르막이 어렵다면 내리막은 쉬운가
연해주까지 따라온 중고버스 낙서들
한참을 빌빌거리다 기어이 서고 말았다

'살면 사는 거고 죽으면 죽는 거지'
'설마, 이 땅에서도 빌붙지 못할까'
툭 뱉는 가이드 말이 목에 걸린 가시만 같아

허허벌판 버려져도 뿌리째 흔들려도
내 본질은 야생화, 결코 기죽지 않는다
사랑아, 너도 그처럼 피고 지고 하여라

아크릴사 수세미

간혹, 실 한 올이 구원일 때가 있다
광대가 외줄 타듯 아슬아슬 세상 한쪽
그 실낱 붙들어 안고,
외줄 타는 생이 있다

사람을 믿었다는 게 죄라면 죄인데
누가 보증 섰나, 가을 하늘 노을빛
고향 땅 언덕길 몰래
밟고 오는 추석 달

몇 년 만에 돌아온 고모의 하얀 손길
슬그머니 건네는 손뜨개 털수세미
그 한 올, 한 올 아니라면
저 달 어찌 재웠을까

어떤 처방

맞벌이 20년 만에 집을 산 정희 언니
산에서 냇가에서 꽃도 돌도 들였는데
마당엔 객식구들만 와글와글 피어나

언제부터 동티났나, 까닭 없이 아파 와
큰 병원도 가보고 푸닥거리도 해봤지만
그 병엔 백약이 무효
하늘만 바라봤다지

하루는 어느 보살 처방전을 따라서
꽃과 나무 돌덩이마저 제자리에 갖다 놓자
그것 참, 거짓말처럼
싹 나은 정희 언니

츳마가라 츳마도가라

풍경을 찍었는데 사람이 돌아본다
마흔 즈음 헤어지면 사랑이 다시 올까
달빛이 산책하는 저녁
돌싱들이 모였다

세상을 얕봤던 걸까, 두 아이의 엄마는
몇 번째 발목 잡힌 문장으로 울고 있다
아이가 하나였으면
하나만 있었으면

아무리 돌려 말해도 용납이 안 되는 행간
츳마가라 츳마도가라*, 그럼에도 불구하고
이따금 들썩이는 어깨
손을 가만 얹는다

---

*상상을 뛰어넘는 일을 했거나, 크게 놀랄 만한 일이나 해서는 안 될 일을 저질렀을 때, 못마땅하게 여겨 내는 소리. 제주어.

흉작을 꿈꾸며

뭘 바라, 태풍 한번 없으면 고마운 거지
뭘 바라, 폭설 한번 없으면 고마운 거지
그렇게 섬긴 대파밭
풍작이면 되는 거지

그러면 되는 거지 아무렴 되고말고
대파 한 트럭 팔면 4백만 원 손해라는
그 자막, 그 TV 뉴스
설마 내가 잘못 본 걸까

뒤이어 1년 농사 아작 내는 트랙터 소리
돈맛이나 보려고 흉작을 빌어야 하나
시퍼런 하늘을 두고
바랄 걸 바라야지

간지 뜯긴 자화상

태풍이 들이닥쳐도 축제는 열리리라
파도 소리 다 퍼주는 금능 바다 돌그물
그 안에 걸려든 것이
어디 물고기뿐일까

빠져나가려 점점 더 발버둥 치는 문장
시인들의 시판에 꼽사리 끼지 못한 시집
간지가 뜯겨진 채로 축제판에 널려 있다

누구나 아무거나 공짜로 가져가라니
오래 가자는 고백 그대에게 닿기 전에
아닌 척, 나를 숨기는
슬픈 너를 고른다

봄

서귀포 칠십리詩공원 밤새 누가 다녀가네

봄까치꽃 괴불주머니 그리고 뚜껑별꽃

도대체 무단투기를 누가 눈감은 걸까

어스름반

산촌에 겨울 오고
제삿날 손님 오고

호박탕쉬 무탕쉬로 주린 배 잠시 재우는

눈물도 아껴 먹던 사람
어스름녘 어스름반

제5부

다초점

물떼새의 군무는 누가 지휘하는지
이탈자 한 명도 없는 완벽한 공연 앞에
안경을 잃어버렸다
꼈다 뺐다 하다가

세상은 다짜고짜 다초점을 제안한다
저만치 산수유 생강나무 사이였나
발아래 봄까치꽃이 씨부렁대는 사이였나

원근법을 무시한 사랑이 무례하다
어디서든 단박에 들통 나는 풍경을 두고
가까이 두지는 못해
당겼다가 놓았다가

시차

꽃이 먼저 핀다고 고백하지 마세요

마당에 벚꽃잎이 분분분분 흩날려
쓸고 또 쓸어내려도 꼼짝없이 당하던 봄

겹겹의 그 봄에 물세례 퍼부으면
천지간 말간 하루가 어제처럼 다가와

꽃 지면 나도 없을 거라고
고백하지 마세요

봄의 영역

엄마는 콩을 심고 딸은 꽃을 심고

심은 콩 딸이 밟고
꽃은 엄마를 밟는다

웅크린 엄마가 그런다
이제야 꽃이 곱다고

주시옵고

아침 밥상 앞에 두고
주옵시고 주시옵고

자신의 생애만큼 기도하는 어머니

지금껏
안 준 거 보니
앞으로도 안 줄 건가 보다

공갈

하늘도 심심하면 마른천둥 치고 가듯
치맛바람 출렁이는 서귀포 오일장터
뻥이요 큰소리 뻥뻥
가짜뉴스 판칩니다

밀반죽 내려치자 뭉게구름 날립니다
빗방울 튀겨내면 함박눈이 되구요
비행기 배꼽자리로
공갈별 뜨고 집니다

골무꽃

누구는 꽃이라 하고
누구는 풀이라는데

카메라 들이밀자 뒷말이 무성하네

귀한 건 마음에 담아야지
찍기만 하면 뭐하냐고

빗소리

촉촉촉 칭얼대던 아가를 재우다가

아버지 봄이에요, 끌끌끌 혀를 차다가

은밀히 사다리 타고
내려서는 투명인간

하가리 연화지

이따금 샛바람이 수양버들 건드린다
뭣도 모른 어린 봄, 마을을 흔들어대도
연못은 꽃 한 송이 없는 고요만을 키운다

그 고요 먹고 자란 우렁우렁 소문들
연이 없는 못물에 구름처럼 몰려와
둥실 뜬 문장부호들 필사라도 하는 걸까

그러거나 말거나 맹꽁이 울음 그친 날은
인기척도 뜸해지고 당신이 잊힐까 봐
봄밤은 울어야겠다 나라도 울어야겠다

여왕벌

처음이자 마지막 단 한 번 가출이렷다

멋모르고 분봉했다, 날개를 잘렸다

날개를 달아주는 게 사랑이라 배웠다

안구건조증

간절하고 아득해서
누구에게나 빌고 싶을 때

금개구리 사라졌다
맹꽁이 울음 멈췄다

메마른 눈물의 슬하
슬픔이 데려갔다

금능리 1600-3, 그곳에 가면

재계약 연봉삭감에 포구는 굽신거리고
파도 알짱거려도 고깃배 대절해 놓고
어차피 멀리는 못 갈, 사랑을 호출하겠네

머리맡에 신발을 들여놓고 잤다는
두린 열세 살이 하나도 그립지 않다는
짠내를 폴폴 흘리는 그 사람을 봐야겠네

쉬치소님에 이슬 한 잔 주거니 받거니
하루가 한 달이 일 년 가고 십 년 가서
오십 줄 꼬인 내력을 가닥가닥 펼쳐야겠네

메별

주석을 달아봐도 이해할 수 없다더니

어느 날엔 설득에 설득을 하는 당신

하루는 잊고 산다고

또 하루는 그립다고

가을의 서사

다른 일은 젬병이어도 호박 농사 잘한다고
호박 농사만큼은 아버지께 부탁했다
이유는 다들 모른다
아버지만 알 뿐이다

손수레로 한가득 가을을 싣고 오다
하나 둘 나누다 보면 몇 덩이만 덩그러니

가을은 그렇게 왔다
정물화 한 점으로

적산 온도

산불이 나야 씨를 퍼트리는 로지폴소나무나
칠백 년 진흙 아래 고운 아라홍연이나
삼만 년 얼음을 견딘
심장빛 꽃이거나

차곡차곡 저금한 그 온도에 이르러야
한꺼번에 꽃이 핀다, 수굿이 네가 온다
이 봄이 그렇게 와서
너처럼 가려 한다

유감

비행기 갈아타면 천국에 다다를까
세탁소를 넘기고 포도밭을 다린다
빌레왓* 샤인머스켓에
노후를 걸었다

넌출넌출 넝쿨 줄기 한창 뻗어 가더니만
포도값 내려간다 벌써 아우성이다
그렇지 내가 팔 땐 싸고
내가 살 땐 비싸고

아픈 아이 앞가림용 전 재산 털어놓고
급행을 타고 가다 완행으로 갈아탄다
하루만 먼저 가기를
하루만 늦게 가기를

---

*'돌무더기 밭'의 제주어.

고삐

세상에 함부로 놓아선 안 되는 게 있다
아버지는 그것을 가족에 대한 예의라셨다
서늘한 고삐의 행간
일기장에 고여 있다

말이 보는 세상이 네가 보는 세상이다
너무 꽉 잡지도 말고 느슨하게도 말고
언제든 잡아챌 수 있게
손안에 쥐고 있어라

사람이 만만해 뵈면 제 등에 태우지 않는다
몇 걸음 걷다가 내동댕이치더라도
고삐는 절대 놓지 마라
방향타가 될 터이니

해설

사람이 있는 깊은 풍경
—김영순 시집, 『밥 먹고 더 울기로 했다』 읽기

오민석(문학평론가·단국대 명예교수)

1.

이 시집을 읽다 보면 제주-자연의 풍경이 아득히 그리고 가까이 그려진다. 그것은 채색 소묘처럼 정겹고 아름다운데, 그 이유는 사람들이 그 안에 꽃 속의 벌처럼 들어가 있기 때문이다. 풍경은 그 자체 풍경일 뿐, 풍경을 서사로 바꾸는 것은 사람이다. 벌이 꽃을 찾거나 품을 때, 꽃은 비로소 무의미에서 의미로, 비존재에서 존재로 전화(轉化)한다. 김영순에게 사람과 풍경은 별개의 것이 아니다. 그녀에게 사람과 풍경은 환유적 인접성의 관계에 있다. 사람을 떠올리면 풍경이 따라오고, 풍경을 떠올리면 사람이 따라온다. 김영순의 시에서 사람은 풍경의 전압을 올리고, 풍경은 사람의 전압을 올린다. 그러므로 그녀의 시들은 사람과 풍경이 만나 일으키는 스파크이다. 그녀의 풍경에선 사람 냄새가 나고, 그녀의 사람에선 풍경이 보인다. 그녀의 시에서 사람과 풍경은 서로에게 스며들어 깊어진다. 그녀에게 사람은 풍경의 안이고, 풍경은 사람의 안이다. 그들은 서로의 내부이다.

> 그래도 그리운 건 눈썹 끝에 달린 속세
> 어느 오름 자락에 세를 든 비구니 절
> 가끔씩 한눈을 팔듯 가지 뻗는 나무가 있다
>
> 그중에 살구나무 살금살금 돌담에 기대
> '어디로 통화할까 그 사람은 누구일까'
> 도대체 무슨 이유로 집을 뛰쳐나왔을까
>
> 해마다 웃자란 생각 가지치기 해봐도
> 그럴수록 부르고픈 이름이라도 있는 건지
>
> 설익은 살구 몇 알을
> 세상에 툭, 내린다
>
> ―「살금살금 살구나무」 전문

시인은 살구나무를 세상을 엿보고 싶어 하는 비구니에 비유한다. "살금살금 살구나무"라는 유머러스하고 경쾌한 제목은 운율에 익숙한 시조 시인의 발명품이다. 살구나무는 절 밖 세상이 궁금해 견딜 수가 없어서 "가끔씩 한눈을 팔듯" "살금살금" 가지를 돌담 밖으로 뻗는다. 비구니는 절 안의 부처를 얻은 대신 "눈썹 끝에 달린 속세"를 잊지 못해서 담장 밖을 기웃거린다. 바깥세상으로 웃자란 잡념의 가지는 아무리 가지치기를 해봐도 사라지지 않는다. 그렇게 해서도 끝내 세상에 도달하지 못할 때, 살구나무는 "설익은 살구 몇 알을/세상에 툭" 내림으로써 속세에 닿는다. 이 세상에서 저 세상을, 저 세상에서 이 세상을 꿈꾸는 것이 어디 비구니뿐이랴. 무념무상한 것은 오로지 자연뿐. 살구나무는 사람과 만나면서 드디어 사람의 풍경이 된다. 김영순은 이렇게 풍경을 사람의 내부로 끌어들인다. 이 기획에 더해진 내재율과 대구법은 사람의 풍경이 된 살구나무의 움직임을 더욱 생생하고도 경쾌하게 살려낸다.

이제 겨우 돌쟁이가 봄 서랍을 빼꼼 열어

가제 손수건 한 장 한 장 픽픽 집어던진다

어디로 튈 줄 모르는 아가의 눈망울을 봐
—「목련이 필 무렵」 전문

목련을 대하는 시인의 태도도 남다르다. 시인에게 목련은 봄의 전령일 뿐만 아니라 귀여운 "돌쟁이"이다. 그 어린 것이 "봄 서랍을 빼꼼 열어" 가제 손수건을 픽픽 집어던진다. 하늘에 "아가의 눈망울" 같은 목련들이 요술처럼 피어오른다. 저 귀여운 가제 손수건들은 도대체 "어디로 튈 줄" 모른다. 시인이 목련을 "돌쟁이"라 부르기 전에, 그것은 그저 목련일 뿐 즐거운 소란의 "아가"가 아니었다. 시인은 가제 손수건을 "픽픽 집어던"지는 돌맞이 아가를 호명함으로써 생물학적 존재를 인간적 존재로 전화한다. 이 시집엔 이렇게 시인의 호명으로 불려 나온 사물들로 가득하다.

> 서귀포 몽마르트르 솔동산길 오르다가
> 그저 비나 피할까 잠시 들른 이중섭 거처
> 일본서 당신의 부고가 손님처럼 와 있네요
>
> 수백여 통 남편의 편지,
> 그 편지 한 장 없어도
> 붓과 팔레트마저 미술관에 기증하고도
> 서귀포 피난살이가 그중 행복했다니요
>
> 돌아누우면 아이들 돌아누우면 당신

게들은 잠지를 잡고 아이들은 게를 잡고

오늘은 별 따러 가요

하늘 사다리 타고 가요

　　　　　―「발가락 군의 소식을 듣다」 전문

　시인이 주석에도 밝혔다시피 화가 이중섭은 생전에 아내 이남덕을 발가락이 길다고 "발가락 군"이라 불렀다. 그래서인지 제주 시절 이중섭 그림에 등장하는 가족들의 발가락은 마치 우화처럼 길고 크게 강조되어 있다. 중섭의 생가에 들러 남덕의 부고를 들었다는 것으로 보아 이 시는 남덕이 세상을 뜬 2022년 8월 무렵 쓴 것으로 사료된다. 김영순 시인이 소환해내는 사물이나 풍경은 대부분 제주도의 것들이다. 더욱이 이 작품은 이 시집에 등장하는 물상들을 '제주'라는 꼭짓점을 중심으로 배열해주는 조타키의 역할을 한다. 제주는 시인의 고향이며, 시인의 부모와 일가친척들의 삶과 역사가 기록되어 있는 곳이다. 위 작품은 이중섭의 제주 시대를 환기하면서 한국전쟁과 가난, 가족과 사랑의 서사를 불러낸다. 가장 어려웠던 시절에 "그중 행복했다"는 남덕의 기억은 제주라는 공간과 분리해서 생각할 수 없다. 가난을 압도하는 제주 바다의 풍경과 재앙이 침투하지 못하는 아이들의 서사는 시인의 머릿속에도 고스란히 남아 있다. 제주는 그 먼 역사의 파고를 넘어 시인의 아버지, 어머니에게로 온다.

2.

 엄밀히 말해 '장소(place)'와 '공간(space)'은 다르다. 미셸 드 세르토(M. de Certeau)는 『일상생활의 실천 *The Practice of Everyday Life*』에서 장소와 공간을 구분한다. 그에 의하면 장소란 공간으로 전유되기 이전의 추상적, 중립적, 기하학적 지도와도 같은 것이다. 장소가 공간으로 바뀌는 것은 주체의 개입에 의해서이다. 주체가 자신만의 고유한 방향과 속도와 시간의 '벡터(vector)'들을 장소 안으로 끌어들일 때 비로소 공간이 탄생한다. 말하자면 장소는 주체에 의해 공간으로 재해석되고 '전유(appropriation)'된다. 세르토의 표현을 빌면, 공간은 (이런 의미에서) 전유된 장소, 즉 "실천된 장소(practiced place)"이다. 그에 의하면 모든 장소는 보행자들의 '공간적 실천(spatial practice)'에 의해 (특수한 공간으로) 변형된다. 보행자들은 자신들만의 다양한 벡터들을 장소에 기록하면서 고유한 공간들을 만들어낸다. 시인은 말하자면 언어의 보행자이다. 시인은 장소를 걸어가며 그것을 의미의 공간으로 전환한다. 이런 의미에서 시인은 '공간의 생산자'이다. 시인은 장소를 모방하거나 흉내 내는 것이 아니라, 그것을 적극적으로 전유한다. 시인은 규범화된 장소를 가공하여 탈규범화된 공간을 생산한다.

이월에 눈 내린다
편백나무에 함박함박

뚝! 가지 부러지는 소리 이따금 들려오면
아버지 마른기침이 울타리 돌아 나오고

남원과 조천 사이 길이 새로 나면서
옛집이 헐리고 나무들 잘려 나가고
그 많던 편백나무는 궤짝 하나로 내게 왔다

유산에 대한 예의는 그 안쪽을 살피는 일
물걸레질 한번에도 아버지 냄새 흘러넘쳐
그 안에 영농일기장
내 습작노트를 넣어둔다
—「편백나무에 대한 예의」 전문

김영순이 제주라는 중립적 '장소'를 전유하여 시인만의 '공간'을 생산할 때 시인이 가장 자주 동원하는 것은 아버지/어머니의 서사이다. 시인에게 아버지/어머니는 공간적 실천의 가장 중요한 에이전트들이다. 이 시에서 "편백나무"는 시인의 공간적 실천에 의해 추상성과 중립성을 상실한다. 시인의 개입으로 편백나무엔 인간의 서사가 각인된다. 편백나무 숲에선 아버지의 "마른기침" 소리가 들리고, 그곳엔 개발 사업의 이권들이 각인되며, 죽은 사람과 죽은 나무의 냄새가 스며든다. 편백나무는 잘려 나갔고, 사람의 "옛집"은 헐렸다. 아버지는 죽었고, 죽은 편백나무는 아버지의 유산("궤짝")이 되어 화자에게 돌아왔다. 궤짝이 된 편백나무의 "안쪽"에서 나무의 운명과 아버지의 운명이 겹친다. 화자는 하나가 된 둘의 흔적 안에 "영농일기장"과 "습작노트"를 넣어둔다. 이것이 아버지와 운명을 함께한 "편백나무에 대한 예의"이다.

> 가을 햇살 팽팽하니 어머니 일 나간다
> 중산간 마을 신흥리 동백 씨 여무는 소리
> 한 생애 빈 가슴 같은 바구니도 따라간다
>
> '못 올라갈 나무라고 쳐다보지도 못할까'
> 물끄러미 하늘만 바라보는 등 뒤에서
> 길 가던 현씨 삼춘이 나무를 흔들고 간다
>
> 4·3 때도 마을은 그렇게 흔들렸다
> 숨어 살던 하르방에게 건넨 고구마 몇 알
> 반세기 훌쩍 지나서 동백 씨로 떨어진다
> ─「동백과 고구마」 전문

제주 어느 곳이든 4·3항쟁의 핏물이 고여 있지 않은 지역이 없지만 "중산간"이라는 장소는 4·3의 정치적 의미가 특별히 각인된 공간이다. 1948년 11월 17일에 이승만 정권은 4·3항쟁을 조기에 진압하기 위해 제주도의 해안선에서 5km 이상 들어간 지역을 소위 '적성(소위 "빨갱이") 지역'으로 간주하고 이 지역에 포함된 '중산간(해발 100~300미터의 고지대)' 마을을 대부분 불태우고 초토화하였다. 이 지워지지 않는 살육의 역사 때문에, 중산간 지역에서 햇살이 쨍쨍한 가을날에 빈 바구니를 들고 일 나가는 어머니, 씨가 여물고 있는 동백나무, 그 나무를 흔들고 가는 "현씨 삼춘"의 중립적 풍경은 금방 무너지고 만다. 어머니가 평범한 노동의 일상을 보내는 이곳은 4·3의 의미소가 이미 동백 씨앗처럼 깊이 박힌 곳이다. 4·3을 지우고 제주 중산간 지역의 삶을 이야기할 수 없다. 제주 중산간 지역은 이미 추상적, 중립적 장소가 아니다. 그것은 무려 70년 이상 축적된 죽음의 시간으로 무거워진 공간이다. 시인은 어머니와 '현씨 삼춘'을 거쳐 자신에게 이어져 내려온 역사의 무게를 "동백과 고구마"로 읽는다.

  촐촐촐 비 내린다
  쑥부쟁이 흔들린다

  먼저 간 사람 달래기엔 이런 날이 참 좋아

눈물도 바람 탓이려니 가을비 탓이려니

4·3 난리통엔 별빛도 붉었을 텐데

수상한 그 시절을 만난 게 죄라면 죄고

행여나, 헛제삿밥이라도 바란 적 없을 텐데

죽은 이는 원수였지만 산 자는 손잡아라

영모원 비석에 가닿지 못한 아이들 이름

죄 없는 것들이라서

여백이 창창하다

—「유아불기(幼兒不記)」전문

"영모원"은 제주 애월읍 하귀리에 있는 4·3항쟁 추모 공원이다. 제주시의 공식 관광 자료(Visit Jeju)에 의하면 하귀리는 일제강점기에 도내에서 항일 운동가들이 가장 많이 배출된 마을이다. 이곳은 반제국주의 투쟁의 진보적 전통 때문에 4·3항쟁 때도 유독 많은 희생자가 나온 공간이기도 하다. 영모원의 특징은 크게 두 가지이다. 첫째는 그것이 관의 도움이 없이 하귀리 주민의 자체적인 노력의 결과로 만든 추모 공간이라는 것이고, 둘째는 이곳이 민간인 희생자들뿐만 아니라 경찰, 군인 희생자들의 영령까지 함께 한자리에 모셔놓음으로써 매우 예외적으로 화해와 상생을 도모하는 공간이라는 것이다. 문제는 이 영모원의 "비석에 가닿지 못한 아이들"이 있다는 것이다. "헛제삿밥이라도 바란 적 없을" 유아들은 화해를 기원하는 역사의 기록에서마저 소외되어 있다. 이 시는 살육의 역사 속에서 영원히 비존재로 잊힌 "유아"들의 "불기(不記)"를 '기록'하고 복원한다. 시의 중요한 기능 중의 하나는 이렇게 사라진 목소리를 되살리는 것이다.

3.

김영순은 풍경을 멀리 놔두지 않는다. 그녀는 풍경 가까이 다가가 그것을 껴안고 그것에 숨을 불어넣는다. 바로 그 순간 사람의 서사가 풍경의 내부로 들어간다. 무색무취의 밑그림에 색깔이 입혀질 때, 죽은 사물들이 꿈틀거리며 살아난다. 시인이 죽은 풍경을 살려내는 데 미리 정해진 순서는 없다. 시인의 기억과 상상력은 선형적(線形的)이라기보다는 방사형적(放射形的)이다. 어머니와 '현씨 삼춘'이 등장하는 일상에서 4·3이 튀어나오고, 꿀벌의 침에서 그리움의 기억이 소환된다. 그녀의 상상력은 하나의 중심에서 무수히 뻗어 나간 잎맥처럼 갈라졌다가 다시 만나고, 만났다가 다시 찢어진다.

> 때죽나무 숲속에 전쟁이 났나 보다
> 벌이 훔쳐 온 꿀을 내가 다시 훔치는 날
> 돌돌돌 자동 채밀기 전리품을 챙긴다

그런 날은 어찌 알고 외삼촌이 찾아온다
가래떡 몇 개 사 들고 온 저 너스레
첫꿀에 찍어 먹으면 바람기 또 도질까

한때는 서울에서 전당포를 했다는
잊을 만하면 찾아오는 삼촌삼촌 한량 삼촌
외갓집 거덜 내버린
어머니의 푸른 통점

벌침 한 방 쏘인 것 같은 그 푸른 통점
탈탈 털린 벌장에 벌들이 돌아올 무렵
얼굴을 어루만지듯 자꾸만 꽃불을 켠다
―「푸른 통점」 전문

설명이 없더라도 김영순의 소묘엔 어느새 제주의 풍경이 스며 있다. 첫째 연의 설명대로 화자는 제주의 어느 "때죽나무 숲속" 벌장(벌을 키우는 곳)에서 꿀을 채취하고 있다. 때아닌 꿀 도둑에 놀란 벌 떼 때문에 아마도 벌통 근처는 "전쟁"이 난 것처럼 요란했을 것이다. 꽃에서 꿀을 훔쳐 온 벌처럼, 그리고 그런 꿀을 다시 훔치는 '나'처럼, 이런 날이면 "어찌 알고" 꿀 냄새를 맡은 "외삼촌"이 찾아온다. 그는 천하의 "한량"으로

"외갓집"을 "거덜 내버린" "어머니"의 오랜 "통점"이다. 이리하여 벌장에서 꿀을 채취하는 평범한 일상 위에 "푸른 통점"의 가족-서사가 펼쳐진다. 벌 소리 요란한 중립의 때죽나무 숲 속엔 사람의 애환과 어리석음과 고통의 냄새가 짙게 밴다. 장소는 사연 가득한 공간이 된다. 시인의 눈길이 머무는 곳에, 멀리, 홀로 있는 풍경은 없다.

>진구슬목장 언덕받이 바람의 거처가 있다
>돌담이 헐리고 지붕마저 내려앉은 채
>온종일 소 울음으로 나부끼는 돌집이 있다
>
>아버지는 테우리, 이레마다 번을 섰다
>1975년 12월 10일 일기상 어느 한 쪽
>'며칠째 못 찾는 소야…'
>얼룩이 묻어 있다
>
>어느 가을 딸아이 교사 임명장 받은 날
>소 테우리 말 테우리보다 사람 테우리가 더 어렵다던
>그 바람, 테우리막에 한동안 머물다 간다
>―「테우리막」 전문

바람 부는 언덕의 목장, 그곳의 돌담과 돌집, 그리고 무너진 지붕은 그 자체 황량한 풍경이다. 시인이 "아버지는 테우리"라며 입술을 뗄 때, 그 무의미한 장소는 갑자기 유의미한 공간으로 바뀐다. '목동'을 의미하는 제주어 "테우리"라는 기표가 발화되자마자 언덕 위의 돌집과 돌담은 제주-사람의 독특한 색깔을 입는다. 그곳에서 테우리로 일했던 아버지의 인생과 그 인생의 어느 페이지에 써 있으되 소를 며칠째 찾지 못해 애태우던 아버지의 이야기, 그리고 그 아버지의 고되고 거친 삶의 아래쪽에서 "교사 임명장"을 받은 다음 세대("딸아이")의 이야기는 그 자체 디테일이 생략된 가족-서사이다. 시인에 의해 이미 의미화된 제주-공간은 이런 가족-서사 앞에 동백처럼 붉은 4·3 이야기를 이미 묵시적으로 깔고 있다. 그 침묵의 언어까지 합치면 김영순이 이 시집에서 전유하고 해석한 풍경들은 마치 극도로 압축해놓은 대하-서사의 지층들 같다.

> 말은 제가 지나온 길을 돌아보지 않는다
>
> 세렝게티 초원에서나 한라산 기슭에서나
>
> 서로의 뒤를 봐주느라 그 일생이 다 간다
> ―「포옹」 전문

이 시집의 제일 앞에 나오는 이 시를 보며 이런 생각 혹은 질문을 한다. 시인은 왜 "말은 제가 지나온 길을 돌아보지 않는다"고 할까. 이 시집에서 시인은 아버지, 어머니, 시누이, 외삼촌, 시인들, 동네 '삼춘', 언니, 돌싱 친구들 등의 삶을 '돌아보며' 회상하고 있는데, 왜 굳이 말은 그렇지 않다고 할까. 한라산 기슭의 말은 시인과 친족과도 같은 유사성을 가지고 있을 텐데 이게 무슨 뜻일까. 답은 이 시의 마지막 문장과 제목에 있다. 한라산 기슭의 말들로 상징되는 시인의 신화에서 존재들은 "서로의 뒤를 봐주느라 그 일생이 다 간다". 시인이 볼 때 서로의 뒤를 봐주는 이 행동은 뒤를 돌아봄이 아니라 서로를 "포옹"하는 사랑-행위이다. 그렇다면 시인은 이 작품에서 제주-풍경 속의 사람들을 뒤돌아보는 것이 아니라 포옹하고 있다. 이 시집은 그런 사랑의 기록이다.

시인동네 시인선 215

밥 먹고 더 울기로 했다
ⓒ 김영순

초판 1쇄 인쇄	2023년 9월 22일
초판 1쇄 발행	2023년 9월 27일
지은이	김영순
펴낸이	김석봉
디자인	헤이존
펴낸곳	문학의전당
출판등록	제448-251002012000043호
주소	충북 단양군 적성면 도곡파랑로 178
전화	043-421-1977
전자우편	sbpoem@naver.com

ISBN 979-11-5896-615-7 03810

*이 책의 판권은 지은이와 문학의전당에 있습니다.
*양측의 서면 동의 없는 무단 전재 및 복제를 금합니다.
*잘못 만들어진 책은 바꿔드립니다.
*이 시집은 제주특별자치도와 제주문화예술재단의 2023년도 제주문화예술지원사업 후원을 받아 제작되었습니다.